AF375787

NOS FINANCES

NOTES ET EXTRAITS

PAR

G. DU PETIT-THOUARS

PARIS

IMPRIMERIE CHAIX

IMPRIMERIE ET LIBRAIRIE CENTRALES DES CHEMINS DE FER

SOCIÉTÉ ANONYME

Rue Bergère, 20, près du boulevard Montmartre

1883

NOS FINANCES

NOS FINANCES

NOTES ET EXTRAITS

PAR

G. DU PETIT-THOUARS

———— ➤➤✖◄◄ ————

PARIS

IMPRIMERIE CHAIX

IMPRIMERIE ET LIBRAIRIE CENTRALES DES CHEMINS DE FER

SOCIÉTÉ ANONYME

Rue Bergère, 20, près du boulevard Montmartre

1883

NOS FINANCES

Une question financière est née. A toutes les difficultés dans lesquelles se débat le pays est venue s'ajouter une nouvelle cause de préoccupations. L'état de nos finances commande la plus sérieuse attention. Des publicistes qui ne sauraient être soupçonnés de vouloir jeter le discrédit sur nos institutions, vont jusqu'à montrer la banqueroute en perspective; c'est aller un peu loin. Toutefois il est certain que nos finances sont sérieusement engagées, que les pouvoirs réguliers se livrent à un véritable gaspillage des deniers publics; une crise, intérieure ou extérieure, survenant dans ces conditions soumettrait le crédit de la France à une périlleuse épreuve.

Le premier mérite d'une bonne politique financière, c'est la sincérité : à ce devoir essentiel nos gouvernants jusqu'à ce jour ont failli par système, par esprit de parti. Quand la prospérité décroît, il y a deux lignes de conduite à tenir : l'une consiste à tromper le public, à entretenir ses illusions par des artifices mensongers, l'autre à lui ouvrir les yeux, à étaler les misères de la situation en toute franchise pour mieux saisir les causes et arrêter les effets du ralentissement de la fortune publique. C'est la première qu'un calcul intéressé a fait choisir aux hommes qui sont à la tête du pouvoir. Le mal ne date pas d'aujourd'hui; depuis longtemps l'opposition dénonçait des symptômes inquiétants dans la marche de nos finances. Mais avant les élections comment obtenir de la majorité un aveu qui la condamnait, qui pouvait si bien se retourner contre elle? Son intérêt lui commandait de repousser ces allégations, d'éblouir les masses par le mirage d'une prospérité factice. A entendre

par exemple le rapporteur général du budget de
1882, prenant la parole à la veille des élections,
que de sujets d'orgueil pour les financiers du parti,
que de motifs de confiance pour le pays ! Comme
l'on faisait sonner bien haut l'amortissement d'un
milliard de dettes éteintes en quatre ans, la suppression de trois cents millions d'impôts, l'équilibre
des budgets et l'énormité des plus-values sans
cesse croissantes. M. Say, le premier parmi les
membres de son parti, a eu le courage, et avec
quelles précautions oratoires, d'avertir l'opinion
publique. Si celle-ci lui a été reconnaissante, ses
amis ne lui en ont pas su trop bon gré ! « Sans
» doute, a dit M. Allain-Targé à l'adresse de son
» successeur dans la discussion du budget de 1883,
» sans doute il fallait avertir la Chambre nouvel-
» lement venue, mais l'avertir comme on avertit
» son parti, comme on avertit ses amis, avec des
» ménagements ; dire toute la vérité, mais sans
» l'accompagner de commentaires inutiles, de tout
» un attirail, d'un luxe de précautions superflues,
» quand ce ne sont pas des précautions inutiles. »
La démocratie est susceptible, la vérité la froisse ;
elle ferme l'oreille à ce qui la blesse et réserve

ses faveurs à qui la flatte. Un récent exemple montre à quel point pour la majorité les intérêts de parti priment les intérêts de la nation ; il est tiré de la discussion du budget extraordinaire.

Pour équilibrer ce budget il manquait 95 millions. Un membre de la minorité, M. de Soubeyran, proposait de diminuer d'égale somme le budget des dépenses. Le ministre des travaux publics, M. Hérisson, et un de ses prédécesseurs, M. Sadi-Carnot, s'y sont opposés avec énergie, et naturellement ils l'ont emporté. « Cette diminution de » crédit, s'est écrié M. Hérisson, qui vous la pro- » pose? Vous le savez. Qui exploitera dans le » pays cette diminution et cette impossibilité de » continuer les travaux? Les clients de ceux qui » nous la proposent. Voilà la vérité. » M. Sadi-Carnot insiste : accepter la proposition Soubeyran, ce serait, selon lui, faire le jeu des adversaires du parti républicain, jeter le discrédit sur les institutions. Qu'on n'oublie pas qu'il ne s'agissait point d'interrompre les travaux publics. Les 95 millions supprimés, il restait encore 350 millions au budget extraordinaire. Ainsi l'intérêt du parti est mis au-dessus de l'intérêt du pays. Ce qui les préoccupe dans les difficultés qui surgissent, ce ne sont pas les conséquences que peut entraîner pour nos finances l'entêtement dans une mauvaise politique, c'est l'impression que va ressentir le corps électoral de la réduction d'un programme trop vaste. N'auraient-ils donc pas tout à fait tort ceux qui s'obstinent à voir dans cet énorme programme de travaux « une gigantesque manifestation électorale, un » mode ingénieux de corruption collective? » (1).

(1) Leroy-Beaulieu. *Economiste* du 11 novembre 1882.

I.

Les principaux traits de notre situation financière se résument ainsi qu'il suit :

Le budget des dépenses ordinaires de l'exercice
1883 atteint le chiffre de trois milliards qua-
rante-quatre millions trois cent soixante-six mille
huit cent six francs (3.044.366.806) (1).

L'exercice 1882 est en déficit. Au moment de la
discussion du budget de 1883, le rapporteur général prévoyait une insuffisance de recettes de qua-
tre-vingt-dix-sept millions quatre cent vingt-neuf
mille six cent quatre-vingt-sept francs (97.429.687) (2).
En décembre, il s'est vu obligé de relever de dix
millions son estimation, soit un déficit de cent

---

(1) *Officiel* du 30 décembre 1882.

(2) Rapport Ribot, p. 4. Annexe au procès-verbal de la
séance du 1er juillet 1882,

sept millions. M. Tirard, ministre des finances, ne reconnaît, il est vrai, qu'une insuffisance de soixante à soixante-cinq millions. Quel qu'en soit le chiffre, le déficit existe. En réalité, il est bien plus considérable qu'on ne l'avoue, puisque la loi de finances du 29 juillet 1881 a porté en recette au budget de 1882 cinquante millions à prélever sur les excédents de 1877, 1878 et 1879, sans parler des dépenses ordinaires qu'elle a portées au compte du budget extraordinaire.

La situation provisoire du budget de 1881 se solde également en déficit. Le déficit est de 12 millions, malgré 229 millions de plus-values. Officiellement, il y a bien un excédent de 68 millions ; mais comme les excédents des exercices antérieurs ont fourni à ce budget un secours de 80 millions, le déficit certain est au moins de 12 millions.

La dette publique dépasse 23 milliards. Les crédits affectés à son service se décomposent ainsi : 1° intérêts de la dette consolidée, 741,070,255 ; 2° ca-

pitaux remboursables à divers titres, 388,954,001 ;
3° dette viagère, 187,398,618 (1).

La dette flottante, qui, au 31 décembre 1881,
était de 1,200 millions, se serait élevée, au 31 décembre 1883, au chiffre de 2 milliards 300 millions
sans la consolidation de 1,200 millions en rentes
3 °/₀ amortissables, qui augmenteront d'autant la
dette consolidée (2).

Enfin, l'exécution du programme Freycinet com-
porte, à partir du 1ᵉʳ janvier 1883, des dépenses
nouvelles pour une somme de 6,783 millions (3).

Reprenons en détail ces différents points.

---

(1) Loi de finances du 29 décembre 1882, promulguée à
l'*Officiel* du 30.

(2) Rapport Ribot, 122, 123.

(3) Lettre du Ministre des Travaux publics du 24 octobre
1882, citée par le Ministre des Finances à la tribune, dans la
séance du 11 décembre 1882.

II

LE BUDGET ORDINAIRE

Progression des dépenses. — La première réflexion
que suggère l'examen du budget ordinaire a trait
à la progression énorme des dépenses. L'augmentation en est véritablement effrayante. En 1869, le
budget ordinaire ne s'élevait en dépenses qu'à
1 milliard 621 millions. En 1883, il a presque
doublé, il est porté à trois milliards quarante-
quatre millions. Si de ce total on retranche les
sommes exigées par le service de la dette, on
trouve que les ministères absorbent, en 1883, une
somme supérieure de près de 600 millions à la
dotation suffisante en 1869 (1). D'une année à
l'autre, l'augmentation de dépenses fait un bond
prodigieux. Le budget de 1883 exige 190,133,190
de plus que le budget de 1882 (2). Il est vrai que

---

(1) Rapport Ribot, page 15.

(2) Budget des dépenses pour 1882 : 2,854,232,905 ; — pour
1883 : 3,044,366,806.

sur cet énorme chiffre, 73 millions sont afférents
à des dépenses qui jusqu'à ce jour avaient figuré
au budget sur ressources extraordinaires. De 1880
à 1883, l'augmentation de dépenses est de 240 millions environ, soit une progression moyenne
annuelle de 80 millions. Pour l'instruction publique, par exemple, les crédits votés en 1882,
dépassent de 78,475,020 les crédits votés en 1880 :
150,472,296, en 1882 (1) au lieu de 71,997,276 en
1880 (2).

Abus des crédits supplémentaires. — La plaie du
budget ordinaire est l'abus des crédits supplémentaires. Les crédits pour dépenses imprévues, déposés
en cours d'exercice, viennent troubler l'économie
du budget. Quand, par suite de l'établissement
trop hâtif des prévisions, ils prennent l'importance
qu'ils ont maintenant chez nous, ils diminuent de
beaucoup l'utilité de la fixation des budgets préa-
lables. Cet abus ne date pas d'hier. Il fleurissait
sous le règne de Louis-Philippe comme sous
l'Empire. Le montant des crédits supplémentaires

---

(1) Loi de finances du 29 décembre 1882.
(2) Loi de finances des 23 et 29 décembre 1880.

pour 1830 monte à 148 millions ; pour 1840, à 255 ;
pour 1847, à 185. Sous l'Empire, l'exercice 1866 en
absorbe pour 132 millions, l'exercice 1867 pour
286, l'exercice 1868 pour 212. En résumé, le total
des crédits supplémentaires, de 1830 à 1869, s'élève
à 5 milliards, soit une moyenne de 135 millions
par an (1). Le régime républicain a-t-il mis fin à
cette pratique défectueuse ? Nullement. La somme
des crédits extrabudgétaires monte en 1873 à
334 millions, en 1874 à 37, en 1875 à 82, en 1876
à 143, en 1877 à 51, en 1878 à 375, en 1879 à 240,
en 1880 à 124, en 1881 à 180 et en 1882 à 221
millions pour les budgets ordinaires seulement (2);
c'est-à-dire que, de 1873 à 1882, le budget réel a
été supérieur au budget préalable de 179 millions
en moyenne.

Cette orgie de crédits supplémentaires tient à
deux causes : elle provient d'abord de ce que, chez
nous, les budgets sont préparés trop tôt, et puis
de ce que les plus-values grossies artificiellement
poussent les pouvoirs publics à la prodigalité.

---

(1) R. Stourm. *Économiste francais* du 20 mai 1880. 600.
(2) Rapport Ribot, page 24.

Les projets de budget sont arrêtés trop longtemps avant l'ouverture de l'exercice. Le ministre
des finances établit ses calculs dès le début de
l'année qui précède, et quelquefois même à la fin
de l'année antérieure. A l'époque où il dresse ses
prévisions, il connaît bien les besoins de l'année
courante, il ne sait pas assez les besoins particuliers à l'année future. Il reste forcément au-dessous
de la vérité en matière de dépenses. Ajoutons qu'il
reste volontairement au-dessous de la vérité en
matière de recettes. On grossit artificiellement les
plus-values en prenant pour base d'estimation les
recettes de l'avant-dernière année. C'est une règle
abandonnée depuis longtemps par les nations libé-
rales, les Anglais, les Italiens, les Belges. A
l'exemple de ces peuples, il faudrait se rapprocher
le plus possible de la vérité ; or, la vérité « c'est
» la recette de l'année antérieure, plus quelque
» chose, et ce quotient, ce tantième, cette augmen-
» tation moyenne, nous devons l'arbitrer, la cher-
» cher, et l'on n'est pas sûr de tomber du premier
» coup sur la vérité (1). » Tel est le système de la

____

(1) Léon Say. Discours du 26 juillet 1882.

majoration des recettes que l'insistance de l'avant-dernier ministre des finances a fait prévaloir.

Suppression de l'initiative parlementaire en matière de crédits. — Une autre réforme, non moins importante, s'imposerait également, mais la réalisation n'en semble pas prochaine, ce serait la suppression de l'initiative parlementaire en matière de finances. Le gouvernement seul serait investi du droit de proposer des dépenses nouvelles. Si l'on recherche parmi les augmentations de dépenses qui ont enflé le budget de 1880 à 1883, celles qui sont dues à l'initiative parlementaire, on trouve, au dire du rapporteur général (1), que le total s'en élève à 38,000,000 environ. L'initiative parlementaire propose une loi, les conséquences financières n'en ont pas été prévues, mûrement pesées, et voilà le budget grevé par surprise de charges nouvelles qui en dérangent tout l'équilibre. Ce n'est pas là le rôle du Parlement : à lui le con-

____

(1) Rapport Ribot, 18.

2

trôle, au pouvoir exécutif l'initiative. Telle est la situation acceptée par la Chambre des Communes d'Angleterre, pourtant si jalouse de ses droits. « Une jurisprudence séculaire lui interdit toute » initiative en fait de dépense ou de taxation. Et » comme de tous les budgets européens, le bud-» get anglais est celui qui progresse le plus len-» tement, il est permis de croire qu'une pareille » interdiction n'est point stérile à Westminster, et » qu'elle ne le serait pas non plus au Palais-» Bourbon (1). » Cette réforme est réclamée par les financiers et les publicistes les plus sérieux. Quelle qu'en soit l'urgence, il n'y a guère lieu d'espérer que nos législateurs consentent au sacrifice d'une prérogative dont ils font un si fréquent usage.

Déficit des budgets. — Il est impossible aujourd'hui de nier que le budget ordinaire soit en déficit. Le rapporteur général et le ministre des finances ne sont en désaccord que sur le chiffre

____

(1) Foville. Le budget de 1883, *Journal des Économistes*, avril 1882, p. 31.

même de l'excédent des dépenses, l'un reconnaissant une insuffisance de 65 millions, l'autre la portant à 107 : tous deux avouent la rupture de l'équilibre. Ce déficit ne date pas d'aujourd'hui, il s'étend au moins au budget de 1881 ; seulement il était masqué par des artifices de comptabilité.

C'est le grand défaut de la méthode suivie par nos gouvernants, elle altère sciemment la vérité. La correction financière, au contraire, consiste à être sincère, à présenter en déficit un budget qui est réellement en déficit, au lieu de réaliser un équilibre trompeur par des procédés mensongers. Trois procédés jusqu'à présent étaient admis pour équilibrer le budget, tous trois également incorrects ; ils consistent à renouveler des obligations échues, à reporter au budget extraordinaire des travaux d'un caractère permanent et régulier, et enfin à inscrire en recette à un exercice des excédents d'exercices antérieurs.

Renouvellement d'obligations échues. — En 1883, viennent à échéance des obligations à court terme pour 170 millions. C'est une dette exigible. Au

lieu d'en rembourser la totalité, comme le voudrait une méthode scrupuleuse, que fait l'État débiteur? Il décide de ne rembourser ses obligations que jusqu'à concurrence de 134 millions, et de reporter aux exercices suivants les paiements différés. Les obligations à court terme qui montent actuellement à 521,914,144, devaient être amorties en 1886. Le Parlement, d'accord avec le ministre des finances, a prorogé le remboursement final jusqu'en 1887 et grevé dès à présent l'exercice 1887 d'une charge de 89,914,144 (1). Qu'est-ce que cette opération, sinon un renouvellement de billet, et qu'est-ce qu'un renouvellement de billet, sinon le procédé d'un commerçant besoigneux cherchant à échapper à la constatation de son insolvabilité (2)? La presse officieuse elle-même n'a pu s'empêcher de faire entendre une protestation. « Nous entre-
» voyons, dit le *Temps* (3), le moment où l'État
» affichera hautement la prétention de consolider
» ses obligations à court terme, au lieu de les rem-

____

(1) Rapport Ribot, 13.

(2) Cucheval-Clarigny. La situation financière, *Revue des Deux-Mondes*, 1ᵉʳ août 1881, 570.

(3) 27 janvier 1882.

» bourser avec ses ressources annuelles. » Un
budget n'est en équilibre réel que quand il solde
toutes les charges qui lui incombent ; tel n'est pas
le cas du budget de 1883. Il avait à payer pour
170 millions d'obligations à court terme ; il n'en
paiera que pour 134 millions. Si élastique que soit
la langue financière, il est impossible de nier le
déficit d'un exercice qui rejette sur les exercices
futurs 36 millions au moins de dettes échues et
exigibles.

Report au budget extraordinaire de dépenses ordinaires.
— Il est encore un autre moyen fort simple pour
alléger le budget ordinaire et arriver à l'équilibre
apparent : il consiste à imputer au budget extraordinaire des dépenses ordinaires. Certains besoins
ont le caractère de charges permanentes et régu-
lières. Peu importe : nos financiers les effacent des
cadres du budget ordinaire pour les inscrire au
budget extraordinaire. Ils font payer par l'emprunt
des dépenses qui devraient être soldées avec les
revenus de l'exercice. C'est ainsi que le prédéces-
seur de M. Léon Say par exemple faisait supporter

au budget extraordinaire de 1883, 52 millions de dépenses qui n'avaient rien d'extraordinaire et qui étaient relatives à la reconstitution du matériel naval, à l'établissement de lignes télégraphiques souterraines, aux chemins vicinaux et au service hydraulique, toutes charges d'un caractère permanent et se représentant tous les ans.

Inscription aux recettes d'un exercice des excédents d'exercices antérieurs. — Enfin, dernier procédé pour simuler l'équilibre, on porte aux recettes d'un exercice des excédents empruntés aux exercices antérieurs. Ce procédé, on l'a employé dans l'établissement des trois derniers budgets. Le budget de 81 à été doté de 80 millions à prendre sur les exercices 77, 78 et 79 (1), celui de 82 de 50 millions à prélever sur les mêmes excédents (2). De même le budget de 1883 empruntera près de 32 millions aux excédents de 1880 (3); de sorte que nous sommes exposés, selon la spirituelle expression d'un économiste, à

---

(1) Loi de finances des 28 et 29 décembre 1880.
(2) Loi du 29 juillet 1881.
(3) Loi du 29 décembre 1882.

voir reparaître trois ou quatre fois le même excédent dans nos budgets successifs « absolument comme les soldats du cirque (1).»

Tels sont les artifices par lesquels on parvient à donner au budget les apparences de l'équilibre. Ils ont l'inconvénient d'abuser le public, de l'entretenir dans l'illusion que la situation des finances est excellente. Il est grandement temps d'arracher l'opinion au laisser-aller d'une sécurité trompeuse, et de lui montrer la vérité, toute la vérité, sans exagération, mais sans atténuation.

---

(1) P. Leroy-Beaulieu. La situation financière et économique de la France, *Revue des Deux-Mondes*, 1ᵉʳ avril 1882, 554.

III

LE BUDGET EXTRAORDINAIRE

Nous venons d'étudier le budget ordinaire, et nous avons constaté d'une part l'inquiétante progression des dépenses, de l'autre l'incorrection des procédés de comptabilité auxquels on a recours. Une réforme radicale est urgente, elle n'est pas hors de portée ; sa réalisation dépend de nos législateurs : à eux d'avoir assez de volonté pour couper court au gaspillage et assez de franchise pour ne point dissimuler la vérité ! A vrai dire ce n'est pas de ce côté que se trouve le plus grand péril pour nos finances. La menace sérieuse vient du budget extraordinaire. Nous nous sommes mis sur le pied de dépenser tous les ans un demi milliard en dépenses extraordinaires. Or, toutes nos ressources étant absorbées par les dépenses ordinaires, ce demi-milliard, nous ne l'avons pas ; force est donc de le demander à l'emprunt. Le budget extraordinaire n'est alimenté que par l'emprunt; il n'est pourvu à ses besoins que par des émissions de 3 0/0 amortissable. La question est de savoir si nous pouvons persévérer dans cette voie, continuer à dépenser chaque année cinq cents millions de plus que nous n'avons. Trois choses, disait M. Gladstone dans l'exposé de son dernier budget, sont nécessaires pour avoir une bonne situation financière : 1° ne pas engager de dépenses sans qu'il existe une ressource préalable ; 2° amortir en temps de paix la dette publique ; 3° réduire autant que possible les dépenses. Comment nos financiers observent cette dernière règle, nous l'avons vu plus haut : en trois ans l'augmentation des dépenses a atteint 240 millions. La seconde, nous verrons tout à l'heure dans quelle mesure ils s'y conforment. Quant à la première, le budget extraordinaire en est la violation formelle : on assigne des dépenses sans qu'il existe de ressource correspondante. Si l'éminent homme d'État anglais ne se trompe pas, si son critérium est exact, n'est-ce pas la condamnation de la politique financière suivie jusqu'à présent ?

Le budget extraordinaire créé en 1879 était destiné à pourvoir :

1° A l'achèvement de la reconstitution de notre

matériel de guerre, œuvre commencée par le compte de liquidation ;

2° A l'exécution du programme de travaux publics auquel est attaché le nom de M. de Freycinet.

L'exécution de ce programme est la grosse charge du budget extraordinaire; la reconstitution de notre matériel de guerre ne pèse pas sur lui d'un poids aussi lourd, à beaucoup près. En effet, rien que pour le ministère des travaux publics, les crédits ouverts au titre du budget extraordinaire s'élèvent pour l'exercice 1879 à 237 millions, pour l'exercice 1880 à 430, pour l'exercice 1881 à 717, et pour l'exercice 1882 à 474 millions (1). Sur ces énormes dépenses la plus forte part est elle-même affectée aux travaux de chemins de fer, de sorte que la question du budget extraordinaire se résout dans la question des chemins de fer.

Question des chemins de fer. — Il n'y a pas encore bien longtemps que la jeune école économique caressait le rêve, non seulement de faire construire

---

(1) Rapport Ribot, p. 58.

par l'État tous les nouveaux chemins de fer, mais encore de lui faire absorber tous les anciens. Le rachat aujourd'hui plus que jamais est impossible ; non seulement il est impossible, mais la situation de nos finances commande impérieusement le re-cours à l'industrie privée pour l'achèvement du programme Freycinet. C'est ce qui, au point de vue financier, n'a pas besoin d'une longue démonstration.

Rachat. — Quand la dette nationale a déjà pris une extension si considérable, est-ce bien le cas de l'augmenter d'un seul coup de plus d'un tiers? Pour 1883, le service de la dette consolidée réclame 741 millions, ce qui représente un capital d'environ 19 milliards. Ajoutez-y 4 milliards de dettes remboursables à diverses échéances, soit une dette totale de 23 milliards. Le nombre des actions de chemins de fer est de 3,059,000, le nombre des obligations de 26,428,000 (1). La dette spéciale des chemins de fer ajouterait donc à la dette nationale

---

(1) Bailleux de Marizy. Mœurs financières de la France (*Revue des Deux-Mondes*, 15 juin 1882, p. 755).

un surcroît de 14 milliards environ. Quant à l'annuité due aux actionnaires, elle serait, au dire des autorités compétentes, plus élevée que le produit net actuel de l'exploitation des chemins de fer. « On paiera, en effet, aux Compagnies, une
» rente égale à leur revenu, et on leur rembour-
» sera, en sus, des capitaux extrêmement considé-
» rables pour représenter la valeur de leur matériel
» roulant. On rachètera, en outre, les lignes de
» moins de quinze ans sur le prix de revient,
» quand même elles ne donneraient pas un produit
» rémunérateur. Telles sont les règles du rachat.
» C'est un marché qu'on ne pourrait mettre à la
» charge d'une nouvelle Compagnie qu'en l'exonérant
» d'une partie des annuités à servir, c'est-à-dire en
» réalisant, d'ores et déjà, une perte avouée au
» budget par une aggravation de la dette de 100 à
» 200 millions de francs par an (1). » Ainsi, par le seul fait du rachat, l'État serait déjà constitué en perte de 200 millions au moins par an ; la dette nationale serait, d'un bond, portée à près de

---

(1) L. Say. *Journal des économistes*. Le rachat des chemins de fer, décembre 1881, p. 342.

40 milliards, et il resterait encore, ne l'oublions
pas, à construire les lignes récemment classées et
à exécuter un ensemble de travaux publics montant, au 1er janvier 1883, selon les estimations
du Ministre des Travaux publics, à 6 milliards
783 millions!

Conséquences de l'abaissement des tarifs. — Cette
aggravation des charges publiques une fois acceptée, pourrait-on au moins concevoir l'espérance
d'un arrêt dans la progression des dépenses? Nullement, et il est certain que l'accroissement des
déficits recevrait un nouvel élan de l'abaissement
des tarifs. En effet, que fera l'État maître des chemins de fer? Maître des chemins de fer, il est
maître des tarifs. Son premier acte sera de réduire
les tarifs. L'abaissement des frais de transport, tel
est l'objectif des partisans du rachat. La quasi-
gratuité des voies de communication est pour eux
un principe dont il importe que les faits se rap-
prochent le plus possible. Ils considèrent les frais
de transport « comme une sorte d'impôt », et croient
« que le *desideratum* de la science et de l'adminis-

» tration est de les faire supporter par l'État (1). »
Mais il faut nécessairement que ces frais soient
portés par quelqu'un. Si vous déchargez le client
des chemins de fer, ce sera pour charger l'État,
maître de ces chemins. Or, mettre les frais au
compte de l'État, c'est les mettre au compte du
contribuable. Les frais doivent se retrouver ; s'ils
ne sont pas payés par ceux à qui profitent les
transports, ils le seront par le contribuable. L'alternative est celle-ci : ou maintenir les tarifs de
manière à ce que le chemin de fer produise ce
qu'il coûte, ou parer, par l'impôt, à l'insuffisance
des chemins de fer. Quelques chiffres compléteront
la démonstration. Prenons, par exemple, la recette
totale de l'exploitation des chemins de fer en 1878.
Elle a été, impôt déduit, de 924,384,908, et la
dépense, impôt déduit, de 468,440,760. Le produit
net a donc été de 455,944,147, soit un peu plus de
50 0/0 pour le rapport de la dépense à la recette.
L'intérêt du capital engagé ressort à 6 0/0. Qu'on
abaisse d'un cinquième seulement, de 20 0/0, les
tarifs et, par conséquent, les produits, voilà aussitôt

---

(1) L. Say. Politique financière de la France (*Journal des
économistes*, novembre 1882, p. 163).

la situation des Compagnies rendue très précaire,
et la nécessité de gros sacrifices qui s'impose à
l'État (1). Quelle que soit l'année dont on prenne
le rendement, le résultat d'un calcul analogue est
toujours le même. En 1880, les recettes brutes des
six grandes Compagnies se sont élevées à 981 millions, les recettes nettes à 515. Supposons les tarifs
réduits de 50 0/0 sur la grande vitesse, et de
20 0/0 sur la petite. Un pareil abaissement aurait
imposé aux Compagnies une perte totale de
314 millions, 180 pour la grande vitesse, et 134 pour
la petite. Mais le service seul des obligations
exige 350 millions. Le produit net, réduit à
201 millions, aurait donc été de 149 millions
inférieur aux besoins du service des obligations.
De là nécessité de recourir à l'État pour égale
somme, puisqu'il garantit les intérêts des obligations. Quant aux actionnaires, ils étaient totale-
ment ruinés (2). Tenons donc cette conclusion
pour démontrée : la réduction des tarifs a pour

---

(1) Bailleux de Marizy. Mœurs financières de la France
(*Revue des Deux-Mondes,* 15 juin 1882, p. 778).

(2) Parlement du 14 janvier 1882.

corollaire, pour conséquence nécessaire et inéluc-
table l'augmentation de l'impôt.

Le rachat écarté, restent deux points à trancher :
l'exploitation du réseau de l'État, la continuation
des travaux que comprend le programme Freycinet. L'État persévérera-t-il à exploiter lui-même
son réseau et à exécuter directement les travaux
décidés en principe?

Exploitation par l'État de son réseau. — L'exploitation par l'État de son réseau n'a pas donné jusqu'à présent des résultats bien encourageants.
M. Léon Say évalue à 40 millions le déficit de
l'opération de 1879 à 1882 (1). Ce qui est certain,
c'est que la proportion de la dépense aux recettes
monte d'année en année. Elle était en 1879 de
78,62 0/0, en 1880, de 82,63 0/0, en 1881 de
84,63 0/0. On sait le compte exact des sommes
dépensées au 31 décembre 1881 pour le rachat des
lignes du réseau de l'État et la construction des
lignes nouvelles : le total s'en élève à 540 mil-

---

(1) La politique financière de la France. *J. des Économ.*,
nov. 1882. — 162.

lions. Or, pour cette année 1881, les recettes ont été de 20,221,390 fr., et les dépenses de 17,731,399. soit 84,63 0/0 de la recette. Le revenu net n'a donc pas dépassé le chiffre de 2,489,991. Il suit de là que le rapport du produit net, 2,489,991, à la dépense totale, 540 millions, n'a été que de 0,46 0/0 c'est-à-dire moins d'un demi pour cent. « Pour une » compagnie privée, un résultat aussi dérisoire » équivaudrait à la faillite (1) ».

En présence d'une pareille situation, les esprits nets ne voient de solution que dans la cessation absolue de l'exploitation par l'État; ce n'est pas assez : à leurs yeux, pour débarrasser le budget du boulet qu'il traîne à son pied, l'État n'a qu'un parti à prendre, vendre son réseau. Tel est, pour M. Léon Say, le seul dénouement possible de la question des chemins de fer. « Il faut exiger, » écrivait-il en novembre 1882, au nom des inté- » rêts financiers de ce pays, de son crédit, au nom » de ses intérêts politiques les plus chers qu'on » mette en vente le réseau de l'État (2)».

---

(1) *Parlement*, 15 août 1882.

(2) Léon Say, *ibid.* — 166.

Ainsi le rachat des chemins de fer est une opération déraisonnable interdite à l'État; l'exploitation de son réseau se fait à perte, et il aurait tout avantage à le vendre. De conclusion en conclusion, nous en arrivons toujours à restreindre les fonctions de l'État. Serait-il au moins apte à exécuter directement les travaux inscrits au programme Freycinet?

Exécution du programme Freycinet. — A l'origine, le programme Freycinet n'allait pas au delà d'une dépense totale de 4 milliards. L'initiative parlementaire s'étant faite la complice des convoitises locales quand elle ne les provoquait pas, le chiffre du devis primitif a été successivement porté à 6 milliards (1), puis à 8 (2), puis à 9 milliards 150 millions (3). Le Ministre des travaux publics estimait à 6 milliards 783 millions les travaux restant à faire

---

(1) Rapport Varroy au Sénat, 19 juillet 1881.

(2) Déclaration du ministre des finances à la Chambre, 25 juillet 1882.

(3) Lettre du ministre des travaux publics du 24 octobre 1882, citée par le ministre des finances dans la séance du 11 décembre 1882. — *Officiel*, 1988.

au 1ᵉʳ janvier 1883. L'État peut-il, doit-il les entre-
prendre lui-même? Continuera-t-il le système suivi
jusqu'à présent? Inscrira-t-il chaque année, pendant 13 ou 14 ans, 500 millions au budget extraordinaire?

Remarquons d'abord que l'État construit plus
cher que l'initiative privée. Les prévisions par
kilomètre de chemin de fer étaient de 120 à
150,000 francs : il en dépense 240,000.

Ensuite où prendra-t-il l'argent nécessaire?
Est-ce le budget ordinaire qui pourra fournir pareille somme? Les recettes ne couvrent même pas
les dépenses. Les exercices 1881 et 1882 se soldent
en déficit. L'exercice 1883 est assuré du même résultat.

L'émission d'un nouvel emprunt est impossible,
de l'aveu même des financiers les plus hardis de la
nouvelle école. Le dernier n'est pas encore classé.

Le recours à la dette flottante serait également
dangereux, elle est déjà chargée au delà de la mesure raisonnable.

On est donc acculé à cette alternative : ou ralen-
tir, interrompre même les travaux, ou s'adresser à
l'industrie privée.

Recours à l'industrie privée. — L'industrie privée est-elle capable de doter le pays de l'outillage qu'il est censé réclamer? Pour répondre à cette question, sans tenir compte de ce qu'elle a déjà fait chez nous, il suffit de jeter les yeux à côté de nous. Au commencement de 1881, la statistique évaluait à 357,000 kilomètres le total des chemins de fer existant dans le monde entier. Or sait-on combien en possédaient à eux seuls les Etats-Unis et l'Angleterre, les deux pays où le gouvernement n'intervient pas dans la construction et l'exploitation des chemins de fer, et où les chemins ne coûtent rien au contribuable? Près de la moitié de l'ensemble, les États-Unis, 139,000 kilomètres, et l'Angleterre, 29,000 (1). L'intervention directe et exclusive de l'Etat n'est donc nullement indispensable pour satisfaire les besoins généraux en matière de transports.

Mais, dira-t-on, si l'État ne peut trouver d'argent, comment les compagnies s'en procureront-elles? L'emprunt leur en fournira, et l'emprunt leur sera

(1) *J. des Économistes,* juin 1882. — Molinari. Chronique.

facile parce qu'il sera gagé par les excédents croissants de leur exploitation. Au lieu de laisser ces excédents aller grossir les dividendes des actionnaires, n'est-il pas possible de conclure avec les compagnies des conventions qui les obligent à affecter leurs plus-values aux nouveaux travaux?

Les adversaires des Compagnies objectent le rehaussement des tarifs, qu'elles ne manqueront pas d'opérer, dès que la menace du rachat ou de la concurrence de l'État cessera d'être suspendue sur leur tête. L'argument ne résiste pas au plus simple examen. La loi chez nous a fort sagement décidé que les chemins de fer ne sauraient être une propriété purement privée. Partant de ce principe, elle a armé l'État du droit d'homologation, en vertu duquel il ne se perçoit pas une taxe que le ministre des travaux publics n'ait consacrée. Toute modification de tarif doit, pour être appliquée, recevoir l'approbation de l'Administration. Ce droit de contrôle n'équivaut-il pas à l'action directe ?

Jusqu'à présent, pour démontrer combien il est urgent de couper court au gaspillage de nos finances et de recourir à une méthode plus circonspecte, nous n'avons cité que des chiffres. Le bon ordre des finances est d'abord, cela est évident, une nécessité financière, mais c'est aussi une nécessité politique et patriotique. L'intérêt de la République, l'intérêt supérieur de la patrie prescrivent de conduire avec les plus grands ménagements la gestion de la fortune publique.

Importance politique de la question. — L'avenir de la République est en jeu, son sort est lié à la prospérité que le parti qui se couvre de son nom saura assurer au pays. Les populations, qu'on ne l'oublie pas, sont venues à elle par raison, par lassitude même, bien plus que par enthousiasme. Elles s'en détacheraient si une politique brouillonne avait pour conséquence l'aggravation des charges qui pèsent sur le contribuable. Le jour où elles s'apercevraient qu'on les a leurrées par de vaines apparences, n'est-il pas à craindre qu'elles ne fassent porter à la République la peine de leurs déceptions et de leurs mécomptes ?

Il est enfin une éventualité qu'il n'est pas permis de négliger quand on traite la question financière. Au point de vue de la politique extérieure, l'avenir se présente sous des couleurs assez sombres. Que nous réserve-t-il? Nul ne le sait. Ne sommes-nous pas exposés à voir éclater tôt ou tard une crise comparable à celle de 1870, sinon pire? L'hypothèse n'est point inadmissible. Dès lors il est de la dernière importance de ne pas engager nos finances. Il faut, c'est le salut de la patrie qui l'exige, garder à notre crédit toute sa souplesse, toute son élasticité. La France s'est tirée à son honneur de l'épreuve de 1848 avec une dette de 7 milliards, de l'épreuve de 1870 avec une dette de 13 milliards. Traverserait-elle avec autant d'aisance une crise qu'elle aborderait chargée d'un passif de 23 milliards?

IV

L'AMORTISSEMENT.

Dégrèvements. — Étant donnée la situation dont
on a essayé de résumer les traits principaux, peut-
il y avoir à l'heure actuelle, une politique de
dégrèvement? Le bon sens répond : non. Quand
les recettes ne suffisent pas à couvrir les dépenses,
le moment n'est pas venu, ou il est passé, de
diminuer les ressources et d'augmenter encore
l'écart entre les besoins et les moyens d'y faire
face. Le Parlement n'a déjà que trop dégrevé. Les
financiers les plus compétents sont unanimes à
blâmer notamment le dégrèvement du droit sur
les vins opéré par la loi du 19 juillet 1880, dégrèvement qui a privé le trésor d'un revenu de
71,000,000 de francs sans profiter à d'autres qu'aux
intermédiaires.

Dégrèvement foncier. — La première de nos industries nationales, l'agriculture, met une ardeur extrême à réclamer un dégrèvement auquel il faut absolument, et pour longtemps peut-être, qu'elle ait le courage de renoncer, c'est le dégrèvement foncier. Il peut sembler habile aux courtisans de la démocratie de promettre des dégrèvements impossibles. Exposer la vérité sans déguisement est la seule politique honnête, et cette vérité est que les dégrèvements ne sauraient plus être à l'ordre du jour. L'état de nos finances ne permet pas de priver le Trésor des ressources que le dégrèvement foncier lui ferait perdre. Dans les embarras que nous traversons, il ne peut être question de faire droit aux réclamations même les plus légitimes. L'historique des discussions auxquelles a donné lieu ce degrèvement est néanmoins assez piquant pour qu'on s'y arrête un instant. C'est M. Léon Say qui le premier, ou un des premiers, a parlé de dégrèvement foncier. Il était alors candidat sénatorial dans un grand département agricole. Survient la discussion du budget de 1882 ; on est à la veille des élections. La Chambre veut avoir l'air de faire quelque chose pour les électeurs ruraux, elle décide l'ouverture d'un compte spécial de dégrèvement agricole et y affecte .... les excédents non employés de l'exercice 1882 jusqu'à concurrence de 40 millions. Le bon billet qu'a la Châtre! Le dégrèvement gagé sur des excédents à naître! Aujourd'hui nous savons que ces excédents à naître ne sont pas nés du tout; que non seulement ils ne sont pas nés, mais qu'à leur lieu et place, c'est le déficit qui est apparu dans le budget de 1882! Par qui du reste a été combattue cette motion électorale? Par le ministre des finances, M. Léon Say lui-même, à qui une vue plus nette de la situation interdisait de tenir le langage tenu par le candidat sénatorial. Impossible en juillet 1881, le dégrèvement foncier est devenu depuis ce moment bien plus impossible encore.

Au surplus le dégrèvement foncier est-il le dégrèvement le plus urgent? Soutenue par des autorités importantes telles que la Société des agriculteurs de France (1), son opportunité est d'autre part

---

(1) Séance du 16 février 1882.

contestée par des compétences rivales, par la Société d'économie politique entr'autres (1), elle l'a été tout récemment par un publiciste distingué,M. Bonnet (2). Les raisons alléguées par ce dernier à l'encontre du dégrèvement foncier méritent d'être reproduites. Le dégrèvement foncier, selon lui, n'apporterait à l'agriculture qu'un soulagement insuffisant; en outre il constituerait un pur cadeau pour les propriétaires.

Il y a deux hypothèses : le dégrèvement du principal tout entier de l'impôt foncier, le dégrèvement d'un tiers seulement du principal. C'est ce dernier que réclamaient M. Say et la Société des agriculteurs de France. Le principal du foncier pour 1883 monte à 175,500,000. Sur ce total l'on estime généralement que la part afférente à la propriété agricole est de 120 millions. Le dégrèvement du tiers représenterait donc 40 millions.

---

(1) Discussion à la Société d'économie politique du 5 août 1882.

(2). *Revue des Deux-Mondes*, 1er nov. 82. Dégrèvement et amortissement, 154 et *seq.*

M. Bonnet évalue la production agricole totale à 8 ou
10 milliards. Si l'on remet au contribuable le principal de l'impôt foncier tout entier, soit 120 millions, c'est une économie pour l'agriculteur de
1 1/2 0/0 et un bénéfice de 0 fr. 30 par hectolitre
de blé calculé sur le pied de 20 francs et de 0 fr. 60
sur l'hectolitre de vin calculé à 40 francs. — Si
l'on ne remet au contribuable que le tiers de l'impôt foncier, soit 40 millions, ce dégrèvement ne
représente que 1 fr. 50 par hectare, c'est-à-dire
1/2 0/0 des frais de culture, ou 0 fr. 10 de bénéfice par hectolitre de blé, la production étant sup-
posée de 20 hectolitres à l'hectare et la dépense
de 250 à 300 francs. La mesure du dégrèvement
partiel et même total, serait donc, conclut
M. Bonnet, sans effet économique appréciable, l'État
y perdrait 40 millions sans avantage sensible pour
le producteur.

Ce n'est pas tout : le producteur recevrait un
cadeau purement gratuit. Les propriétaires, en ache-
tant leur terre, ont tenu compte de l'impôt, ils l'ont
fait entrer dans le calcul du prix d'achat, si bien

que l'impôt ne pèse pour ainsi dire pas sur eux.
M. Say reconnaît lui-même que l'impôt foncier fait
partie des frais généraux fixes de culture, et qu'il
est incorporé dans le prix auquel la terre se trans-
met ou se vend.

De ce débat quelle est la conclusion? C'est que
le dégrèvement foncier n'a pas le caractère d'urgence qu'on lui attribue. Il ne soulagerait pas
l'agriculture, et il priverait le Trésor d'une ressource
importante.

Les seuls dégrèvements compatibles avec la situation présente sont ceux qui auraient pour but
et pour effet la réduction d'impôts anti-économi-
ques, de ces impôts qui apportent des entraves à
la circulation de la richesse. Tels sont l'impôt de
6 1/2 0/0 sur les mutations, de 23 0/0 sur la grande
vitesse. Le premier de ces impôts ralentit la circulation de la propriété foncière, le second, la circulation des produits. Leur réduction serait large-

ment compensée par le développement des affaires
qui en serait la conséquence. (1)

Amortissement. — Une saine politique financière,
la seule prévoyante et raisonnable à l'heure présente, est celle qui se proposerait comme objectif
la diminution de la dette nationale ; l'amortissement, voilà le but où devraient tendre tous nos
efforts.

Nos fautes ont depuis 1870 presque doublé le
chiffre de la dette. Est-il juste d'en faire porter
toute la peine aux générations qui suivront ? Ne
serait-il pas à la fois honnête et prudent de nous
imposer des sacrifices pour les épargner à ceux qui
viendront après nous ? Rançon de nos folies, l'aggravation des charges de l'État devrait en toute
justice ne peser que sur les auteurs du mal. Et
puis, ne sommes nous pas tenus de nous préoccu-

---

(1) V. Bonnet, ibid. 156.

per des crises probables? Si l'avenir est incertain
et menaçant, n'est-ce pas une nécessité patriotique
que de préserver de toute atteinte le crédit de la
France? Or, peut-il être à l'abri des secousses avec
des finances aussi engagées, avec un passif aussi
lourd?

Qui dit : amortissement, dit : pas de dégrèvement.
L'amortissement exclut le dégrèvement. Le maintien
de tous les impôts actuels est la condition *sine
quâ non* de la réduction de la dette. On n'amortit
qu'avec des excédents de recettes; dégrever c'est
tarir les excédents dans leur source.

L'amortissement a-t-il jusqu'ici fonctionné quelque peu sérieusement? En aucune façon. Le service
de l'amortissement régulier est suspendu depuis la
loi du 11 septembre 1871. La caisse instituée à cet
effet, en est réduite, au point de vue de l'amortissement spécial de la dette inscrite, à annuler uni-
quement les rentes acquises avec les fonds déposés
à la caisse des retraites pour la vieillesse. En 1879
par exemple, cette sorte d'amortissement limité n'a

porté que sur 877,315 francs de rentes perpétuelles au capital de 17,557,233. De là, un discret avertissement des membres de la commission de surveillance de la caisse d'amortissement qui ont cru devoir appeler l'attention du Gouvernement sur l'importance de la question et sur la nécessité de l'amortissement, « cet auxiliaire indispensable du crédit. » (1)

L'amortissement n'est pas sérieux, tant que par l'emprunt on accroît le chiffre de la dette d'une somme supérieure à celle dont on le diminue par l'extinction d'obligations échues. Réduire d'une main le montant du passif par le remboursement de créances exigibles, et le relever de l'autre par des emprunts continus, ce n'est pas amortir. C'est ce qu'a démontré au Sénat M. Buffet avec la dernière clarté. — D'abord rembourser une dette exigible n'est qu'un paiement et non un amortissement. Le mot d'amortissement devrait être réservé à l'opération qui consiste à racheter une dette

____

(1) Rapport au Sénat et à la Chambre. Annuaire d'économie politique pour 1881, p. 18.

perpétuelle non exigible et n'obligeant qu'au paiement des arrérages. Or, l'État jusqu'ici a-t-il pratiqué l'amortissement ainsi entendu? Nullement. Il rembourse des dettes échues, exigibles, dettes envers la Banque, obligations à court terme, il n'a pas diminué sensiblement le montant de la dette perpétuelle. — A-t-il amorti davantage au sens plus étendu du mot? « Pour savoir si vous avez
» amorti, a dit M. Buffet au Sénat, d'après le sens
» même que vous donnez maintenant à ce mot, que
» faut-il faire ? Il faut comparer les dettes de toute
» nature de l'État en les additionnant à deux
» époques différentes. Si à l'époque la plus rap-
» prochée vous trouvez que l'ensemble de votre
» dette est moindre qu'à la date antérieure, vous
» pourrez dire : j'ai amorti. Mais si au contraire
» par des emprunts nouveaux faits sous une forme
» ou sous une autre, votre dette est augmentée, je
» dis que dans le sens que vous donnez au mot
» amortissement, non seulement vous n'avez rien
» amorti du tout, mais encore que vous avez accru
» votre dette (1). » A cette argumentation pressante,

____

(1) Discusion au Sénat du budget extraordinaire pour 1883. 22 décembre 1882. *Officiel* du 23 décembre.

à cette dialectique si précise, qu'a-t-on répondu?
Rien, parce qu'il n'y avait rien à répondre. Au
sens rigoureux du mot, l'amortissement est la réduction de la dette perpétuelle : cette dette perpétuelle, on ne la diminue que dans des proportions
insignifiantes. A prendre le terme dans une accep-
tion plus large, il est également inexact de dire
qu'on ait amorti, parce que remboursant d'une main
plusieurs millions, on en a de l'autre emprunté des
centaines, et que le résultat de chaque exercice
a été, sans en excepter un, l'accroissement de la
totalité de la dette.

Conversion. — Il est un amortissement qui s'offrait
de lui-même à nos gouvernants. Ils n'avaient qu'à
vouloir pour le réaliser, c'est la conversion du
5 0/0. Ils ont laissé passer les circonstances les
plus favorables : quand se retrouveront-elles? C'est
en 1880 que le crédit public a atteint son apogée.
Au mois de septembre de cette année-là, le 3 0/0
perpétuel était à 87.30, l'amortissable à 89, le 4 1/2
à 118.85, et le 5 à 120.40 ; le 5, en octobre, a tou-

ché le cours de 120.85. Aujourd'hui (1)le 3 0/0 perpétuel est à 79.45, l'amortissable à 80, le 4 1/2 à 110, et le 5 à 115,05, soit une perte de 7.85 sur le 3 0/0 perpétuel, de 9 sur l'amortissable, de 8.85 sur le 4 1/2, et de 5.35 sur le 5. Au moment où le 5 0/0 était à 120, pouquoi n'a-t-on pas profité de l'occasion? On pouvait sans coup férir réaliser une économie de 70 millions. Mais on était à la veille des élections. On a craint le mécontentement que ressentirait un grand nombre d'électeurs. Une fois de plus, l'intérêt supérieur du pays a été sacrifié à l'intérêt de parti. La responsabilité de cet ajournement doit peser surtout sur le chef alors tout puissant de la majorité, sur Gambetta qui n'a pas voulu de la conversion par calcul intéressé.

L'Amortissement aux États-Unis. — Pendant que notre démocratie gaspille ses ressources avec une si effrayante prodigalité, la grande république américaine nous offre le merveilleux spectacle d'un peuple administrant sagement sa fortune et payant ses dettes comme un honnête particulier. Rare

(1) Cours du 9 février.

exemple que le parti régnant devrait méditer et suivre! La guerre de la Sécession avait porté le budget fédéral à 2 milliards et demi, et la dette à près de 15 milliards. A l'heure qu'il est cette dette est déjà diminuée d'un tiers. Il y a deux ans le président Hayes estimait à trente-sept ans le délai nécessaire pour l'amortissement total : aujourd'hui il est permis d'affirmer que la dette fédérale aura disparu complètement avant la fin du siècle. Les deux dernières années ont donné des excédents de recettes de 1,200 millions. Quant aux dépenses elles ne dépassent pas 1,300 millions pour le dernier exercice (1). Comment donc les Américains s'y sont-ils pris pour arriver à d'aussi saisissants résultats? Il est vrai qu'ils ne succombent pas comme nous sous la charge écrasante du militarisme. Mais le secret de leur étonnante fortune n'est pas tant là qu'ailleurs.; ils ont converti sans relâche, profitant de chaque progrès du crédit, et surtout ils ont eu le courage de maintenir de lourds impôts pour appliquer les excédents à l'amortissement.

---

(1) Foville. *Journal des Économistes*, 15 avril 1882, p. 7.

L'Amortissement en Angleterre. — Pour ne pas marcher à pas de géant comme les États-Unis vers l'extinction totale de sa dette, l'Angleterre n'en est pas moins résolument entrée dans la voie de l'amortissement. En 25 ans, elle a diminué son passif de 1 milliard 900 millions. Le total de la dette atteignait, en 1858, le chiffre de 20 milliards 975 millions; il n'est plus aujourd'hui que de 19 milliards 75 millions (1). Pour le seul exercice 1881 la réduction a été de 7,159,000 livres (2).

Situation financière de l'Allemagne. — Enfin, si nous terminons par nos voisins de l'Est cette rapide revue de la situation financière des principales nations civilisées, nous constatons encore que la comparaison n'est pas à notre avantage. La dette de la Prusse proprement dite représente un capital de 2 milliards 59 millions 681,430 marcs dont l'intérêt est de 106 millions 974,000 marcs, garantis presque entièrement par les excédents de l'exploitation

---

(1) *Parlement*, 15 oct. 1882.

(2) Budget de M. Gladstone pour 1882-1883, présenté le 24 avril 1882.

4*

des chemins de fer (1). Pour l'empire allemand,
les recettes et les dépenses se balancent à peu près.
La dette ne monte qu'à 655 millions de francs
exigeant un intérêt de 18 millions seulement, pendant que chez nous la dette inflige au budget une
charge annuelle de plus de 1,200 millions. Si l'on
additionne les dettes des États particuliers et celles
de l'Empire, le total ne s'en élève qu'à 4 milliards
922 millions de marcs ou 6 milliards 153 millions
de francs, alors que notre dette atteint 23 milliards,
c'est-à-dire, un chiffre quatre fois plus fort (2).

---

(1) *Journal des Économistes*, juin 1882, 378-380.

(2) Grad. Les finances de l'Empire allemand. *Revue des Deux-Mondes*. 1er sept. 1882. — 31. Le marc vaut 1 fr. 22. c.

V

En commençant nous disions : une crise financière est en suspens. Nous avons essayé de faire la preuve de cette assertion. Les faits à l'appui ne sont pas contestables. La progression des dépenses ordinaires est énorme; de 1880 à 1883, l'augmentation a été de 240 millions environ, soit un accroissement annuel moyen de 80 millions. Les services publics, sans parler de la dette, exigent 600 millions de plus qu'en 1869. Nous ne faisons rien pour diminuer le poids de la dette nationale, au contraire, nous nous mettons sur le pied de dépenser chaque année 500 millions que nous n'avons pas. Cette situation est grave, elle exige une sérieuse attention, d'énergiques et prompts remèdes. Il faut chercher la racine du mal ailleurs que dans l'imprévoyance et la prodigalité de ceux qui nous gouvernent, elle est dans cette tendance à laquelle on donne le nom de socialisme d'État. L'idée régnante, legs de l'ancien régime où le pouvoir central apparaissait « comme » le seul ressort de la vie sociale, l'agent unique » et nécessaire de la vie publique (1), » cette idée, dis-je, est que l'État est le principal moteur du progrès.

L'État est considéré par trop de gens, et malheureusement par la plupart de ceux aux mains de qui le suffrage universel a remis le pouvoir, comme un factotum dont on ne saurait trop étendre les attributions, comme une Providence toute-puissante pour mettre fin à tous les maux. Déjà il assure le service des cultes, il distribue l'instruction avec un soin jaloux et impatient de toute concurrence, et il accapare le placement des épargnes du pauvre (2). On voudrait en faire encore le souverain maître de l'industrie des transports, l'assureur uni-

---

(1) Tocqueville. *Ancien régime et Révolution.*

(2) Au 31 décembre 1881, les fonds des Caisses d'épargne déposés aux mains de l'État montaient à la somme de 1 milliard 539 millions. Sur cet argent l'État paie 4 0/0 aux déposants, alors qu'il place sa rente à 3 1/2 et dépense pour la gestion de ces fonds 1/4 0/0. En Angleterre ce sont les établissements privés qui reçoivent la plus grande partie des économies du pauvre.

versel (1), le régulateur du travail, des salaires et des prix (2), substituer en un mot le plus possible à l'initiative privée, individuelle ou collective l'initiative du pouvoir central, de l'État. Au point de vue financier, il y a un péril grave dans le développement du socialisme d'État; il y en a un bien plus redoutable au point de vue social. A décourager ainsi l'esprit d'entreprise, on risque d'émousser la virilité des citoyens, de tuer en son germe le principal élément de force des sociétés, l'énergie individuelle, et de compromettre non pas seulement la situation des finances, mais, ce qui est plus grave, l'avenir même de la patrie.

15 Février 1883.

---

(1) Propositions de loi Vacher, Langlois, Félix Faure.

(2) Adresse des ouvriers du bâtiment parisien pour demander que les salaires, les loyers et les prix des choses soient tarifés. *Parlement* du 26 décembre 81. — Pétition de la Fédération ouvrière du Centre pour réclamer la réduction des loyers. *Écon.* 12 juin 1882.

IMPRIMERIE CENTRALE DES CHEMINS DE FER. — IMPRIMERIE CHAIX.

RUE BERGÈRE, 20, PARIS. — 5138-3.

IMPRIMERIE CHAIX, RUE BERGERE, 20, PARIS. — 5140-3.